血型小將 ABO

5

RealCrazyMan◎著　　**彭玲林◎譯**

About... 血型的苦惱諮詢

第一封讀者來信：
我的主管是A型女性，不知從什麼時候開始，
她對我既不太說話，又很冷淡。
我該怎麼辦呢？

A

哼

請這位讀者
直接考慮換
工作…

很簡單嘛～

又不需要依據
血型來決定…

壞東東！
從一開始就心不
在焉，你這是在
幹什麼啊？

我會認…認真的～
我會竭盡心力提供
解答的。

還不好好做！

請再給我
一次機會…

A型主管討厭非邏輯性的行為。

碰到注重細節的主管，最好就是乖乖依照指示去做。

可能會討厭自我吹噓的部屬，請自我留意。

「最好的方法就是，仔細觀察A型主管所喜愛的職員類型。」

讓我們來看看第二封信吧！
我是A型，我跟AB型共用一個房間，但是到目前為止，卻只有我一個人在打掃房間，AB型一次都沒打掃過…AB型原本就是這樣嗎？我該怎麼辦才好呢？

喂！你這樣做不會太過分了嗎？這個房間又不是我一個人在用，你也打掃一下啦！！

大發雷霆

怎麼可以醬！！

從這位A型會寫信發問來看，似乎是不太會說些難聽話的樣子，

A型在忍了又忍之後終於爆發，火氣正盛的時候…

就算不是AB型，大概一般人都會這樣回答一

是喔？那你早說啊～

每天都不說話，就一個人在那裡打掃，我還以為你非常喜歡打掃呢～

嚇一大跳

室友

你早說嘛

經常是我還沒打掃，你就先掃完了啊～

什麼都不說，怎麼就發火了呢？

「雖然不好意思開口，但是，表達出來還是很重要的。」

現在是第三封來信。
不久前，來了位B型的工讀生。
這個工讀生總是擺一張臭臉，所以，我總是忙著跟
客人道歉。該拿這個結屎面的工讀生怎麼辦呢？

「B型雖然不擅長隱藏自己的感情，但是，在需要創意的事情上，
卻能嶄露頭角。這不是做錯，而是做得『不一樣』。」

「找到適合自己性向的工作是最重要的。」

改編自先前在廣播節目中所發生的事而成。

目次

002 序　血型的苦惱諮詢

Part 1 小將交朋友
Blood Types with Friends

014 講電話的風格

019 誤會大了

025 腦筋急轉彎

032 夏季感冒

040 員工聯誼會

047 安慰朋友的方式

049 記仇記得久

053 翻板子遊戲

061 如果朋友生病了

069 惹火A型的對話

073 炸雞的誘惑

075 沸點

Part 2 小將好日子
Blood Types's Special Events

088 聖誕節倒數三天
097 準備聖誕禮物
101 過節的小將們
103 不同血型的聖誕老人
105 壓歲錢
113 新年第一天
120 新年新計畫
127 血型部隊編制

Part 3 小將好緊張
Blood Types Have a Strong Imagination

136 可疑的按鈕
143 如果明天是世界末日
150 讀者小劇場
157 疾病發生率
160 颱風來襲

小將
交朋友

Blood Types with Friends

① 講電話的風格

有禮的A型，展開了漫長的體貼之戰。

據說這場戰鬥一直持續到天亮……

以自我為中心的B型，

總認為自己是世界的中心……

人性化的O型，總是給予滿分的回應，

雖然口若懸河，但是，言多必失啊……

注重邏輯的AB型，

嗜好就是抓O型的語病……

誤會大了

＊感謝吉比熊特別客串（哼哈～）

3 腦筋急轉彎

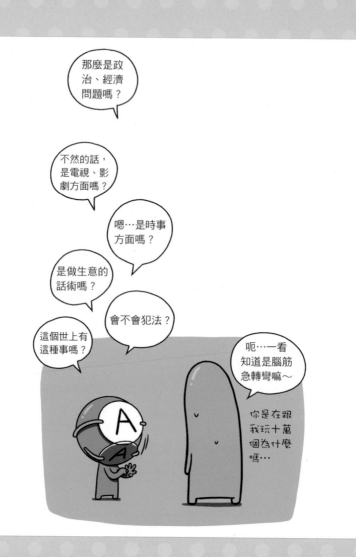

由於O型的生存力很強，因此相對注重健康。

AB型

5 員工聯誼會

不久之後——

改編自L公司K代理所提供的故事。

6 安慰朋友的方式

A型

B型

O型

AB型

7 記仇記很久

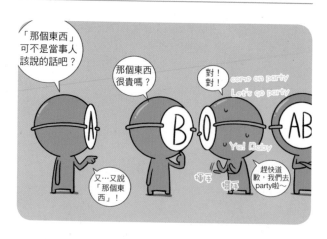

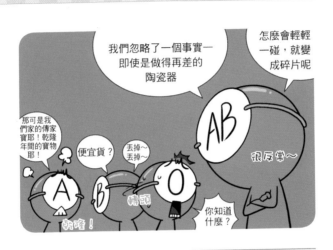

⑧ 翻板子遊戲

韓國民俗遊戲，備齊棋盤、棋子及木棒即可進行，以木棒當骰子，輪流擲骰，先走回終點的人獲勝，是老少咸宜的遊戲。

9 如果朋友生病了

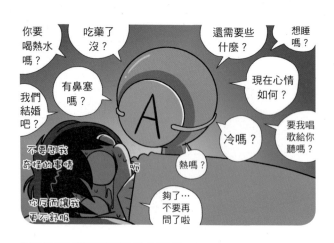

B型

O型

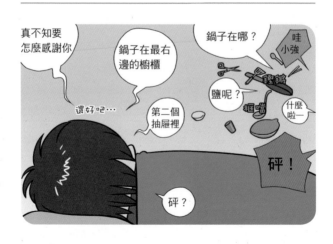

AB型

P.S.

改編自K先生提供的故事。

11 炸雞的誘惑

 沸點

每個血型生氣的狀況似乎不太一樣。

A型

隨著時間過去而
逐漸受熱的類型

B型

O型

AB型

Part
2

小將
好日子

Blood Types's Special Events

13 聖誕節倒數三天

聖誕夜

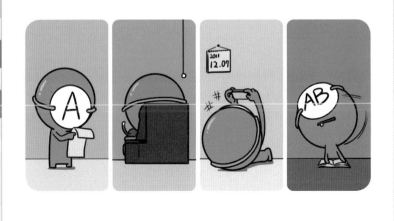

15 過節的小將們

16 不同血型的聖誕老人

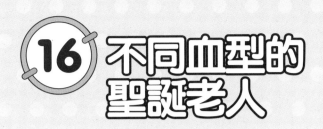

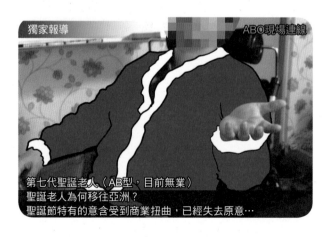

 # 壓歲錢

A型會附上祝福小語，展現出心思細膩的一面。

B型不拘泥於固定形式，自有一套做法。

O型總覺得應該要講究一下形式。

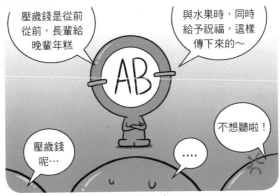

AB型則是以中肯的指導出名。

領壓歲錢的ABO小將

請務必注意老弱者……

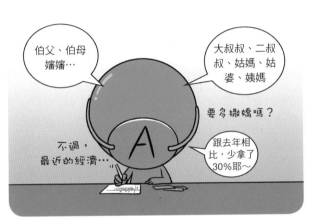

A型跟往年比較後，分析原因。

B型擅長營造熱烈氣氛，多數情況是「負責拜年，
媽媽收錢」⋯⋯

O型的壓歲錢可能因為天真而全部被騙走，就算是家人也不要輕易相信喔～

不過，有時心裡明白但不說破，也算是一種美德。

18 新年第一天

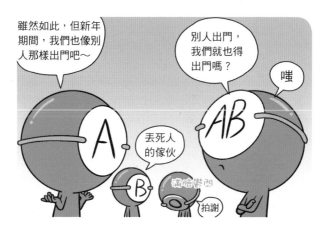

12月31日晚上

幾個鐘頭後

19 新年新計畫

 血型部隊編制

在很久以後的未來，軍隊為了提高效率，將相同血型的人編配在同一隊。

A型部隊

如長江一般綿延不斷的指責⋯⋯

B型部隊

去找B型士兵，找著找著太陽就下山了……

O型部隊

雖然有點亂糟糟的，不過卻很團結。

AB型部隊

AB型的比例只有百分之六喔～

Part
3

小將
愛作夢

Blood Types Have a Strong Imagination

21 可疑的按鈕

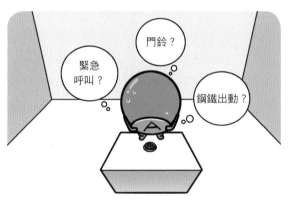

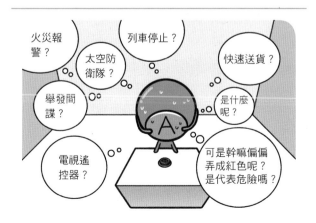

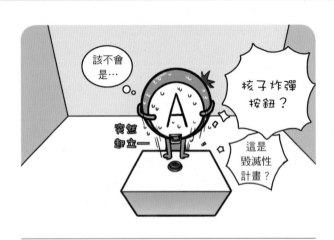

一個禮拜之後

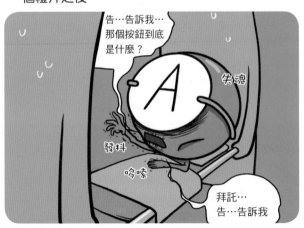

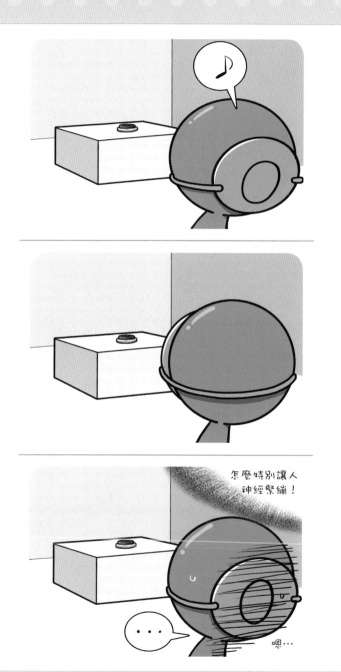

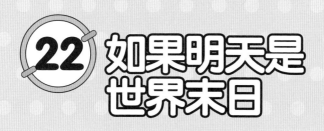

22 如果明天是世界末日

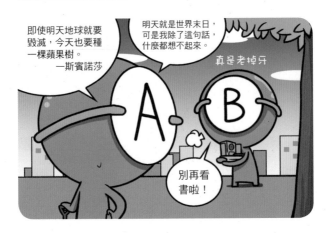

不幸中的大幸，隕石避開了地球……

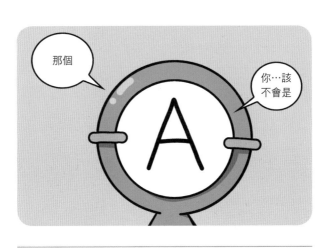

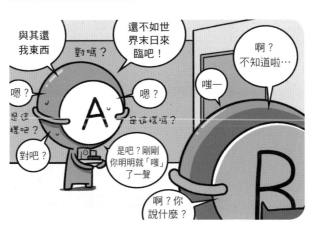

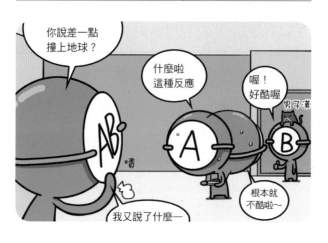

過了一周，

今天吃泥土了⋯⋯

(23) 讀者小劇場

讀者投稿一個禮拜大約會有三到四封。

受傷時，各個血型的反應是──

不管什麼血型都會覺得很痛的－□－；

還有這種問題⋯⋯

如果一定要跟各位讀者說明的話，

大概是很會打架的人贏吧！^ㅂ^

突然身懷巨款時，各個血型的反應是——

感謝讀者提供素材。不過,拜託內容也給多一點……

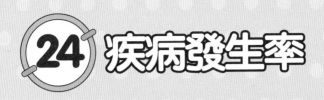

24 疾病發生率

請不要忘記，生活環境與習慣才是造成疾病發生的重要因素。

25 颱風來襲

停課詢問

A型　很鄭重地向級任老師請示是否要上學。

B型　只要時間與地點不如意，就馬上打電話。

O型　使出頑強的「打破砂鍋問到底」精神。

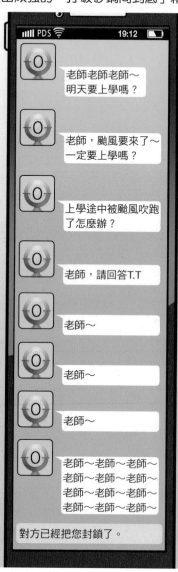

AB型

結果──

♦ 防災準備

A型　準備緊急用品包。

B型　準備電影、漫畫、音樂等打發時間的物品。

O型　由於求生慾很強，所以，準備的東西以食物為主。

AB型　為了收聽災難防備的播報，鎮定地準備收音機。

♦ 窗戶防破準備

A型

B型

O型

AB型

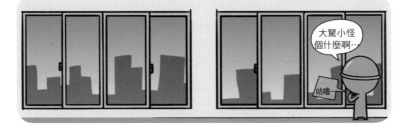

FAC0344

血型小將5
ABO

作　者
RealCrazyMan（朴東宣）

譯　者
彭玲林（O）

副總編輯　丘美珍（B）　　董事長　趙政岷（O）
責任編輯　林巧涵（O）
美術設計　溫國群（A）
內文設計　果實文化設計
內文排版　黃雅藍（B）
執行企劃　呂小弁（AB）

出版者
時報文化出版企業股份有限公司
108019台北市和平西路三段二四〇號四樓
客服專線　（〇二）二三〇六一六八四二
讀者服務專線　〇八〇〇一二三一一七〇五
　　　　　　（〇二）二三〇四一七一〇三
讀者服務傳真　（〇二）二三〇四一六八五八
郵撥　一九三四四七二四時報文化出版公司

信箱　一〇八九九臺北華江橋郵局第九九信箱
時報悅讀網　http://www.readingtimes.com.tw
電子郵件信箱　ctliving@readingtimes.com.tw
流行生活線　https://www.facebook.com/ctgraphics
理律法律事務所　陳長文律師、李念祖律師
印刷　華展印刷有限公司
初版一刷　二〇一三年八月九日
初版七刷　二〇二二年四月十一日
定價　新台幣一九九元

혈액형에관한간단한고찰 3
© 2013 by Park Dong Seon
All Rights Reserved.
Translation rights arranged by LEEONSMART Co.,Ltd.
Through Shinwon Agency Co. in Korea
Traditional Chinese Translation Copyright © 2013 by China Times Publishing Company Co., Ltd.

血型小將ABO 5 / 朴東宣作；彭玲林譯. -- 初版.
-- 臺北市：時報文化, 2013.8-
ISBN 978-957-13-5798-0（平裝）

1.血型 2.漫畫

293.6　　　　　　　　　　100024275